Guia de Sobrevivência para Sereias Fora d'água

"Margot Datz é ela mesma uma criatura mítica que percorre as distâncias desta terra pintando. Ela vive do mar, tirando seu sustento dos detalhes de beleza e exotismo. Suas antenas estão sempre sintonizadas. Ela sabe ouvir e assimilar antes de se expressar com afeto e humor. Se alguém desta dimensão ouviu as mensagens dos seres aquáticos, esse alguém foi Margot."

– Patience Brewster, artista criadora dos Krinkles.

"Este livro de Margot Datz, por sua combinação única de extravagante sabedoria feminina, consegue ir além de meus anseios mais loucos, elevando o espírito e animando a alma. Ele nos faz ficar de bem com nosso eu feminino além de prover o mapa que nos leva ao lugar onde podemos ser nós mesmas com alegria e confiança e, é claro, com os caprichos de que todas nós precisamos – não apenas para sobreviver, mas também para vicejar."

– Charlayne Hunter-Gault, repórter sediada em Johannesburg que passa parte do tempo na ilha Marthas' Vineyard e autora de *New News Out of Africa*.

"Há anos que venho sendo agraciada com a sabedoria e a inteligência de Margot Datz. Agora é a sua vez. Ela colocou seu coração e seu pincel neste livro... você vai amá-lo!"

– Susan Branch, autora da série Heart of the Home.

"Margot Datz é o mais fascinante dos gênios vivos. Sua mágica artística de tirar o fôlego complementa perfeitamente este guia de sobrevivência para as mulheres que são elas próprias sereias fora d´água. Ao mesmo tempo instigante e calmante, engraçado, afetuoso e requintado, este livro arrebata o espírito de qualquer leitor."

– Linda Fairstein, autora dos best-sellers internacionais *Bad Blood* e *Death Dance*.

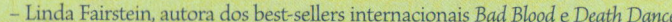

Guia de Sobrevivência para Sereias Fora d'água

O que toda mulher precisa saber para retornar à sua natureza aquática e sobreviver na terra dos homens

Tradução
Carmen Fischer

Margot Datz

Editora
Pensamento
SÃO PAULO

Jovens sereias sonhadoras

Introdução

*D*arwin pode ter acertado em sua teoria de que o homem descende do macaco, mas com certeza a mulher surgiu da espuma do mar, tão resplandecente quanto Afrodite ao erguer-se das ondas em sua carruagem de concha. Essas primeiras sereias, que antes viviam felizes entre as ondas, ergueram-se das águas para dar uma espiada no horizonte e voltaram a mergulhar em busca de sustento e segurança.

O que nos impeliu a sair do santuário aquático para aportar em terra firme? Como todas as outras formas de vida marinha, as sereias também estavam seguindo o curso de sua própria evolução. Como os tritões tinham se tornado seres raros, arredios e muito disputados, as sereias tiveram que ampliar o seu leque de opções e começaram a atrair machos humanos para seu território subaquático. Mas como a tendência deles era afundar, os pobres coitados acabavam lamentavelmente morrendo afogados. Portanto, nós sereias abandonamos nosso hábitat para procurar parceiros em terra firme e, desde então, vivemos como peixes fora d'água.

𝒩ossa adaptação às condições de vida em terra firme foi admirável e aprendemos a dominar a maioria das habilidades de seus autóctones. Mas, quanto a nos "ajustar", a coisa é bem diferente e exige um enorme esforço, pois a sereia que continua viva dentro de nós às vezes agita a cauda e desaparece sob a rebentação de uma onda, esquecendo a pia cheia de louça. Ansiamos por um mergulho profundo no mundo totalmente livre da gravidade, que é o verdadeiro lar de nosso espírito indomável. Ali recobramos nossa verdadeira natureza a cada mergulho e as vozes do mundo terreno são silenciadas pelo chamado muito mais empolgante do mar. Desejamos nos revigorar, lembrar, encontrar o caminho de volta para a parte de nós que pertence, sobretudo, ao mundo das águas.

𝒜lgumas mulheres se esqueceram de suas origens ancestrais ao aceitarem o estilo de vida dos homens e adaptarem-se às imposições e expectativas da civilização. Mas aquelas que não se esqueceram de sua natureza sentem-se solitárias e desajustadas, e vivem dissimulando suas inquietações e reprimindo seus impulsos. Suas lágrimas as banham como as ondas nas areias da praia. Existe, no entanto, um número cada vez maior de sereias deixando crescer a cauda e aprendendo o que fazer com ela!

É bem possível que você também sinta os instintos de uma criatura feminina selvagem se contorcendo em seu interior, um desejo ardente de romper as paredes seguras do aquário que você conhece para entregar-se às águas turbulentas do desconhecido.
E se pergunta se outras mulheres também se sentem tão irascíveis e indomáveis quanto você costuma se sentir.
Será que elas se deleitam com as mesmas fantasias que você deixou de lado, à espera de uma ocasião mais "oportuna"?
Quem sabe você guarda alguma lembrança, por mais vaga que seja, de como era realmente brincar e se divertir... Por acaso você se lembra de como era divertido mergulhar nas ondas e ver todas aquelas gotinhas formadas pela espuma brilhando como se fossem colares de diamantes à sua volta?
É hora de se lembrar da sensação de ser embalada nos braços da Grande Mãe dos Mares e aceita como você realmente é.

Este é um guia para sereias encalhadas em terra, com dicas sobre como fazer para despertar seu espírito adormecido de ninfa do mar. A sereia é a essência da ludicidade feminina, aconchegada e embalada nos braços da Grande Mãe dos Mares. Dentro de nós, a sereia fica nadando em círculos, ansiando por águas mais vastas e profundas. Suas necessidades de carinho e aceitação vão encontrar satisfação nas páginas deste livro. Tome um belo banho de banheira, estenda a cauda, solte a cabeleira e prepare-se: a sua sereia adormecida está a ponto de receber o beijo que a trará de volta à vida.

Ouse se Expor

A única maneira de dar vida à sua sereia é sendo verdadeira com você mesma. E isso requer a ousadia de se expor. Expor seu coração e sua alma. Cabeça erguida, peito aberto e cauda esparramada. Não é fácil ser você mesma porque pode chamar atenção e atrair inveja. Mas escondendo do resto do mundo sua verdadeira natureza, você deixa simplesmente passar a oportunidade de viver experiências extraordinárias. Ser você mesma é como irradiar o brilho de uma estrela no firmamento. Outra vantagem é que você acaba atraindo outros seres da mesma espécie. De repente, você não é mais a única sereia na imensidão do mar.

Ela se esforçou muito para se ajustar

Ela tenta se lembrar da última vez em que nadou pra valer

Nunca Perca o Mar de Vista

Uma sereia não deve nunca perder de vista o mar – o verdadeiro lar de seus instintos. Quando perdemos nossos instintos de vista nos tornamos prisioneiras da rotina e das obrigações. É como querer dançar uma valsa com os pés engessados. Quando nos entregamos a nossos instintos, o inconsciente nos fala por meio de sonhos, pressentimentos e impulsos inexplicáveis. É como a linguagem dos golfinhos, que pode soar estranha aos ouvidos humanos, mas no mundo subaquático revela toda a sua inteligência.

Procure a Companhia de Outras Sereias

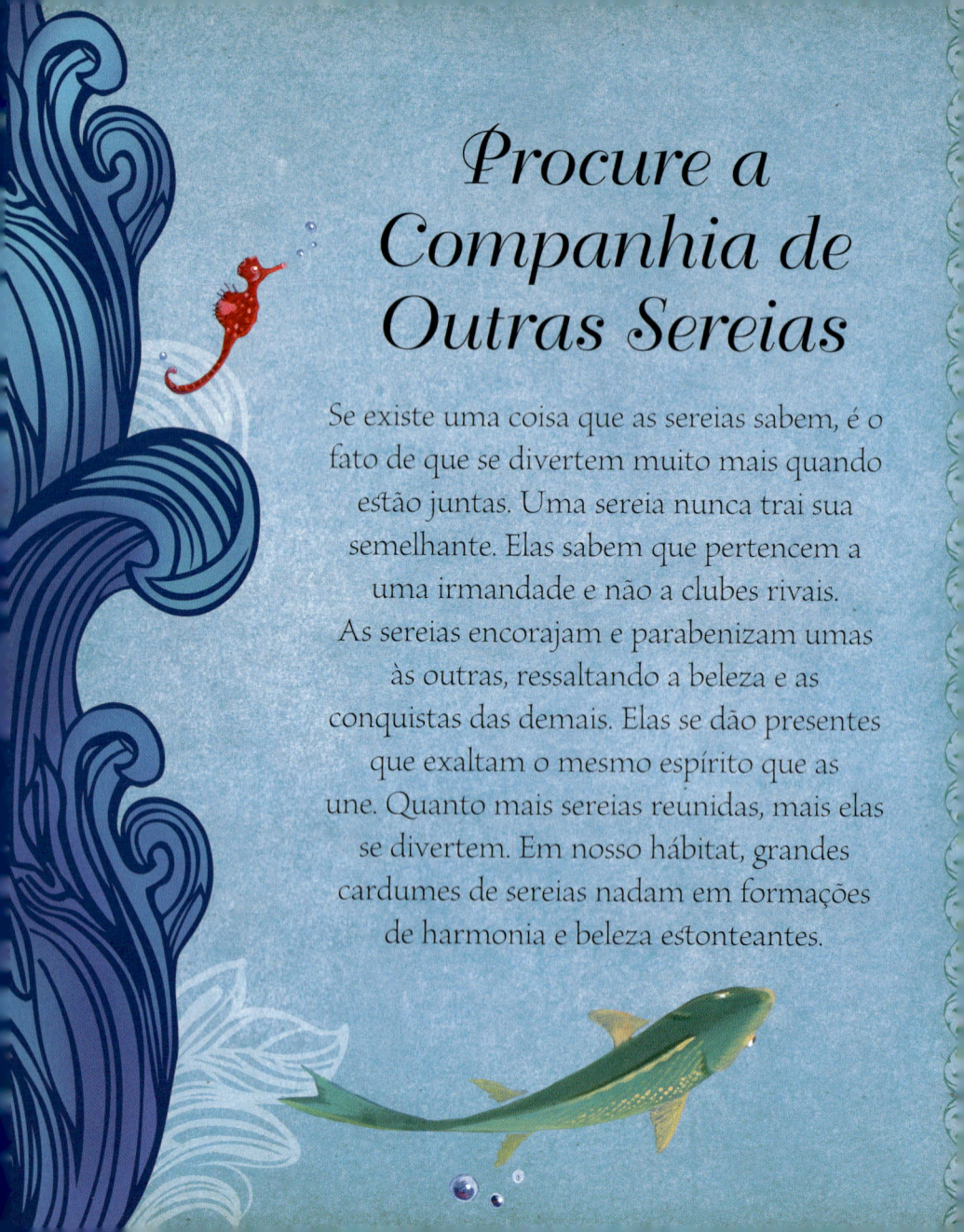

Se existe uma coisa que as sereias sabem, é o fato de que se divertem muito mais quando estão juntas. Uma sereia nunca trai sua semelhante. Elas sabem que pertencem a uma irmandade e não a clubes rivais. As sereias encorajam e parabenizam umas às outras, ressaltando a beleza e as conquistas das demais. Elas se dão presentes que exaltam o mesmo espírito que as une. Quanto mais sereias reunidas, mais elas se divertem. Em nosso hábitat, grandes cardumes de sereias nadam em formações de harmonia e beleza estonteantes.

O grande encontro de sereias

Sempre Sedutoras!

Existem sereias de todas as formas, tipos e tamanhos. E elas podem ser extremamente sedutoras quando querem. As sereias se permitem ousadias como tirar o sutiã, se encharcar de perfume e dançar com as caudas enroscadas. Sua sensualidade é uma espécie de celebração de si mesmas da cabeça à cauda, e elas fazem isso por puro prazer.

Uma sereia consegue enrubescer um crustáceo. Ela não tem vergonha de mostrar ao resto do mundo sua beleza interior e exterior. Amar a si mesma de verdade é o segredo do seu poder de sedução.

Ela adora trocar de chapéu

Puro Brilho

Às vezes, são os pequenos detalhes que acabam revelando o que é realmente importante. Expressar a própria essência através do seu modo de se vestir é algo que instiga as outras pessoas a experimentar também o incrível prazer de ser original. Ousando mostrar quem é e como se sente, você emite vibrações de beleza e empolgação por onde quer que passe. O guarda-roupa de uma sereia pode não ser muito variado, mas os acessórios mudam de acordo com seu humor. Ela tem um chapéu para cada estado de espírito! E não tem nenhum receio de misturar cores e estilos espalhafatosos. Para ela, vestir-se é pura diversão!

Sereias Também Choram

Um pouquinho do oceano se esvai do nosso corpo toda vez que derramamos lágrimas. Isso nos faz lembrar o nosso lugar de origem: o mar azul das nossas emoções. Emoções tão dolorosas que, às vezes, nossos olhos preferem ficar fechados e nossos ouvidos anseiam por silêncio. A tristeza pode levar uma sereia para o fundo do poço. Mas suas lágrimas tornam o mar das emoções ainda mais profundo.

Não há nada mais triste do que uma sereia de coração partido

Imagem refletida

Cultive suas Pérolas

Quando é fiel à sua natureza de sereia, muitas vezes você entra em choque com o ambiente em que vive. A cultura dos homens estabelece diretrizes (em forma de códigos, dogmas e mandamentos) que definem qual deve ser o "comportamento apropriado". Lamentavelmente, a primeira coisa que a sereia tem de fazer para se adequar às regras é livrar-se da sua cauda. Ela faz isso quando finge não ser quem é. O pior tipo de fingimento é, no entanto, aquele que a leva a fingir até para si mesma. A linha que separa a sociedade da nossa natureza verdadeira pode ser muito sutil, mas a sereia sabe muito bem a diferença.

Saiba Reconhecer os Próprios Anseios

Uma sereia fora d'água vive suspirando pelos cantos. Seus suspiros são lamentos pelo que teve de deixar para trás e também anseios pelas possibilidades que tem pela frente. Ela anseia pela beleza, pela liberdade e pelo amor. E esses anseios são como as estrelas-guias dos navegantes, que prenunciam o destino de suas jornadas.

Ela não consegue explicar sua obsessão por sapatos

Uma conversinha entre a Donzela Recatada e a Cortesã Depravada

O Lado Escuro da Lua

Como seres profundamente influenciados pelas marés, as sereias reverenciam a Lua. Elas adoram nadar no mar à noite, quando a água parece prateada. Sabem que a escuridão da noite é tão importante para a natureza quanto para si mesmas. Seus aspectos mais sensuais vêm à tona sob a luz da Lua. Você já viu uma sereia vestida de lingerie? Foi ela quem inventou a meia arrastão e levou a sensualidade para o mundo subaquático!

A Importância das Pérolas

Pérolas nunca são demais para uma sereia. Grinaldas, colares e braceletes de pérolas adornam seus cabelos, pescoço e braços. Cada conta é uma pérola de sabedoria, conquistada com muito esforço e disposta em sequência para proporcionar à sua dona sabedoria e compaixão infinitas. O número de contas aumenta com a idade da sereia. O que não deixa de ser justo. As sereias começam muito cedo a colecionar suas pérolas e só param depois que despojaram cada ostra que ousou atravessar seu caminho.

Ela busca os conselhos de uma Sereia Experiente

Ela tem rabo de peixe e pés de galinha

Rabo de Peixe e Pés de Galinha

Apesar de não morrer nunca, as sereias envelhecem. Envelhecer é um motivo para reflexão. É importante fazer um autoexame diante do espelho, mas não ficar obcecada com cada mínima imperfeição. As sereias respeitam o envelhecimento e o aceitam como parte de seu destino. Afinal, elas já têm rabo de peixe – qual o problema em ter pés de galinha? O espírito sempre jovem da sereia faz dela um ser sem idade.

Cultive o Jardim Subaquático Interior

Um jardim precisa de cuidados. Ele precisa ser cultivado com carinho, dedicação e paciência. Cada uma de nós precisa cultivar seu santuário interior de tranquilidade e pureza, no qual se refugiar para recobrar e renovar as energias. Esse jardim é regado com orações e meditações. Temos que visitá-lo diariamente tanto para remover as ervas daninhas da negatividade como para semear bons pensamentos. Cada oração faz surgir um novo lótus em nosso santuário subaquático.

Sereia em meditação

Transformando-se

Sem Medo de se Transformar

As sereias são seres complexos, dotados de aspectos conscientes e inconscientes. Ocorre às vezes de sua parte submersa trazer à tona hábitos e conceitos obsoletos, abrindo caminho para a transformação. Esse é um processo que ocorre nos recônditos sombrios da sua psique e não pode ser explicado nem para as pessoas mais queridas. Mas a sereia confia no poder da vida e em seus mistérios e sobrevive ao seu mundo interior, em constante mutação.

Flutue com as Marés

Às vezes, a influência da Lua pode ser muito mais poderosa do que a nossa vontade, e a sereia pode rasgar a cauda nadando contra a maré. Lutar contra a força das ondas é perda de tempo e desperdício de energia. A sereia sábia aprendeu, com a experiência, que as ondas continuarão vindo e que basta se deixar levar pelos fluxos e refluxos do mar. Quando a maré volta-se a seu favor, ela imediatamente esquece todas as intempéries que teve de enfrentar. Mas não se esquece de que precisa estar preparada para as novas ondas que virão.

Ao sabor das ondas

Em noites de Lua cheia ela sente o chamado do mar

Improvise Oceanos

Quando o stress ameaça sufocá-la com sua aridez e você anseia por um pouco de paz, é hora de buscar um ambiente mais amigável. Encha a banheira e mergulhe nela. Afunde a cabeça na água para renovar suas energias. Curta seu mergulho pelo tempo que for necessário para recobrar as forças. E não se esqueça de beber muita água – ela devolve à sereia todo o seu vigor. Uma sereia desidratada fica parecendo mais um bacalhau seco do que uma deusa do mar.

Cabeça versus Cauda

Toda sereia que vive em terra firme esconde a sua cauda e deixa-se levar pela cabeça. No entanto, se ela fosse capaz de ler os próprios pensamentos, ouviria o embate que está sendo travado dentro dela, entre sua cabeça e sua cauda, que representa seus instintos. A sereia não tem medo da própria ambiguidade. Afinal, ela é o próprio paradoxo ambulante, com o desejo de submissão puxando-a para um lado e o de afirmação, para outro. Sobriedade e êxtase, inteligência e teimosia, sensualidade e pudor também competem dentro dela. O conflito entre a cauda e a cabeça constitui o cerne de nossa evolução em busca do equilíbrio interior. Como a ambiguidade está no fundo de toda verdade, relaxe e dance ao ritmo da sua natureza paradoxal.

Alguma coisa nele despertou a sereia má que existe dentro dela

O dono do meu coração

Um Peixe na Minha Rede!

Quando o estado de espírito da sereia interior corresponde à disposição de suas nadadeiras, a ideia de fisgar alguém pode não ser nada má. Na verdade, foi essa uma das razões que atraíram as sereias para a terra firme. Assim como existem muitos peixes vivendo no mar, existem muitos homens vivendo em terra firme, e a sereia só precisa saber selecionar. Ousada, ela se deixa envolver pelos galanteios, mas com todos os sentidos bem alertas. Não existe nada mais lindo que o amor. Por ele, vale a pena suportar qualquer tempestade. Um bom motivo para jogar a sua rede!

Deixe Resplandecer a Luz do Amor

A sereia precisa ser astuta por vários motivos. Seu poder de sedução atrai homens de todos os tipos, desde os mais sensíveis até os capazes de destroçar corações. Ela sabe que é importante distinguir uns dos outros; no entanto, quando fisgam seu coração, ela se entrega sem reservas. Deixa sua luz resplandecer, estende a cauda e emite o seu sedutor canto de sereia!

VOCÊ FISGOU MEU CORAÇÃO!

O amor é um farol na nossa vida

O poder de sedução

Aprenda a Navegar no Mar do Amor

Os marinheiros ouvem o chamado irresistível do mar e essa paixão atrai as sereias como um ímã. Navegantes, caçadores de baleias, pescadores e piratas singram os mares cada um à sua moda. As embarcações deslizam pela superfície das águas em busca de novas aventuras. Sua mira é a Estrela Polar e seu destino fica logo além do horizonte. Mas agora você também está a bordo e podem navegar juntos sem perder o leme. Ora, ora... Talvez seja a oportunidade perfeita para tomar aulas de navegação com ele, enquanto o ensina a nadar...

Pescadores

É difícil para qualquer pescador resistir ao impulso de aprisionar uma sereia. Ele faz o que pode para capturá-la e arrastá-la para a praia. Depois a leva para casa como um troféu e o exibe aos amigos. Mas muitos desses experientes homens do mar não sabem nada a respeito dos cuidados que exige uma sereia. Ser capturada e levada para terra firme, e depois ter suas emoções ignoradas é uma verdadeira tragédia na vida de uma sereia. É como uma borboleta presa por um alfinete! Uma sereia esperta sabe quais são suas necessidades. Por mais tentadora que seja a isca, ela consegue perceber que está presa a uma linha, mesmo que tenha dez léguas de comprimento. Seu sonar é extremamente sensível. Ela não tem nenhuma intenção de viver confinada na solidão de um aquário.

À espera do navio que o trará de volta

Nem tudo que Vem à Rede é Peixe

Nem todas as lagostas do mundo conseguem atrair uma sereia para fora de sua concha se ela tiver a mínima suspeita de falsidade. Não se deixe levar por galanteios de homens que só querem fisgar seu coração para depois destroçá-lo. A sereia esperta não se deixa enganar por elogios e presentes. É bom não esquecer que o hábito não faz o monge e manter-se com os olhos bem abertos. Afinal, sereia que dorme, a onda leva...

Ela era o tipo de mulher que se deixava impressionar por uma bandeja de camarões

Amantes do mar

Tritões

Os tritões constituem o espécime masculino mais raro e precioso que existe. Esses triunfos da natureza levavam uma vida de plenitude sobre as águas e eram dotados de muitas qualidades. Mas faltava algo em suas vidas, uma carência de sentimentos profundos e de experiência emocional que os fazia viver na estagnação de uma poça d'água. Foi dali que eles ouviram a risada e o canto irresistível das sereias, convidando-os a se juntarem a elas entre as ondas. Muitos desses espécimes masculinos se afogaram nos braços de sereias tão carentes e possessivas que não respeitaram suas necessidades de espaço para respirar. A impaciência delas provocou a morte de seus amantes. Mas alguns espécimes maravilhosos se renderam ao mar e aprenderam a flutuar no balanço de suas águas profundas. Esses são os verdadeiros parceiros das sereias e o amor deles explora as profundezas de suas emoções. Juntos eles são livres.

Nem tanto ao Mar nem tanto à Terra

O compromisso é o laço que une duas pessoas. Por mais afinidades que elas compartilhem, as diferenças acabam sempre gerando tensão. Mas as adversidades podem também fortalecer o laço, desde que as linhas de comunicação estejam abertas. Quando tem bases firmes, o compromisso é um porto seguro, um abrigo contra as tempestades.

Todo mundo achava que eles tinham algo em comum

O naufrágio do casamento

As Bruxas do Mar

Nem todas as sereias são virtuosas. Algumas delas se deixaram corromper. Permaneceram em terra por tempo demais e seus corações endureceram, suas caudas ficaram ressequidas e suas almas encolheram. Essas são as bruxas que espreitam os navios e seduzem os marinheiros com seu canto, atraindo-os para os rochedos e aprisionando os náufragos. São elas as responsáveis pela má reputação das sereias.

A Abundância Infinita do Mar

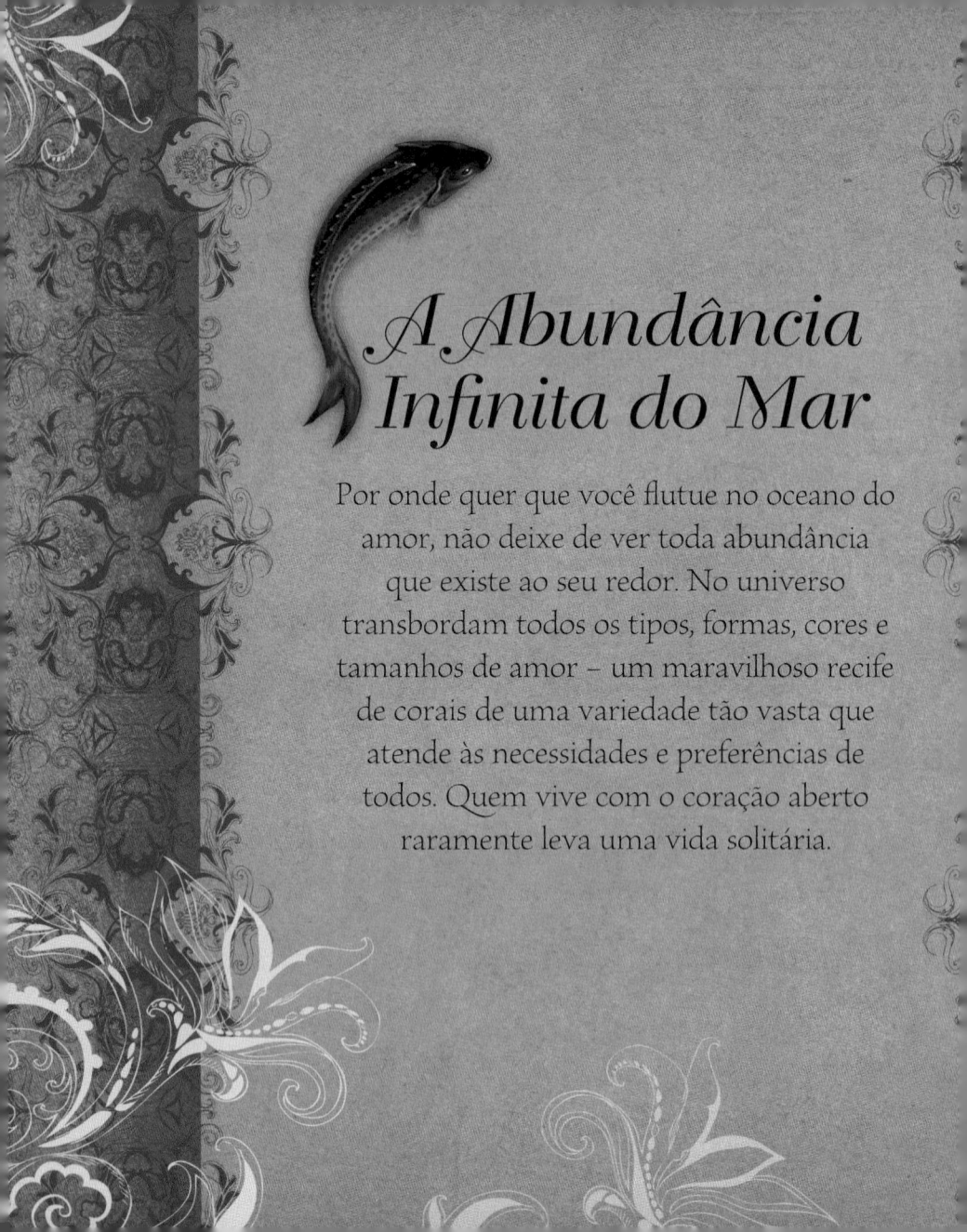

Por onde quer que você flutue no oceano do amor, não deixe de ver toda abundância que existe ao seu redor. No universo transbordam todos os tipos, formas, cores e tamanhos de amor – um maravilhoso recife de corais de uma variedade tão vasta que atende às necessidades e preferências de todos. Quem vive com o coração aberto raramente leva uma vida solitária.

O amor é diversificado e multicolorido como o fundo do mar

Mãe d'água

As Mães D'Água

Algumas sereias optam por se tornarem mães d'água. Isso não é para todas, mas uma escolha decisiva e prazerosa para muitas. Ser mãe é uma tarefa difícil, para dizer o mínimo, mas as mães d'água têm uma intuição especial que as ajuda a cumprir sua missão. Cuidar dos filhos requer muitas qualidades: bom-senso, paciência, compaixão, sabedoria e senso de humor, para citar apenas algumas. Se uma sereia carece de alguma delas, pode contar com a ajuda de sua própria mãe ou da mãe de suas amigas. E, com isso, ela se torna uma mãe muito mais sábia.

Fluxo de consciência

Cantiga de Ninar Sereias

A grande mãe dos mares nos ensina os ritmos da vida. Os fluxos e refluxos das marés trazem lixo e destroços para a costa. As ondas se avolumam e quebram na praia. O nosso corpo segue esse mesmo ciclo. Inspiramos e expiramos, adormecemos e despertamos. Até nossa alma segue esse ritmo de dar e receber, enquanto o oceano sussurra baixinho uma cantiga para ninar nosso coração:

Amem-se uns aos outros
Ama-te a ti mesmo
Amem-se uns aos outros
Ama-te a ti mesmo

Seja Verdadeira com a sua Natureza de Sereia

Alvorecer

Foto: Ronald Hall

Margot Datz começou sua carreira artística como escultora, mas logo passou a se interessar também por murais, trompe l'oeil, quadros decorativos e design de interiores. Os trabalhos desta pintora autodidata enfeitam as paredes de centenas de residências e escritórios na ilha Martha's Vineyard e fora dela. Ela também criou um mural tridimensional de 26 metros que adorna o hospital pediátrico de Arkansas. Além de seus murais, quadros e trabalhos gráficos, ela ilustrou quatro livros para crianças escritos por Carly Simon, sua amiga de longa data.

O estilo de pintura de Margot combina a extravagante iconografia que lhe é própria, com faróis, marinheiros, pescadores, sereias e o eterno azul do mar. Ela já foi destaque em publicações como *Architectural Digest*, *House & Garden*, *Home*, *In Style*, *Romantic Homes* e *The New York Times*, como também participou do programa *All Things Considered* dos canais de televisão CNN e NPR. Ela mora com Yoda, sua cadelinha de estimação, na ilha Martha's Vineyard.

Para saber mais sobre Margot e sua arte, visite sua página na Internet: www.margotdatz.com.